SÉRIE TURMA DA MATEMÁTICA

LUZIA FARACO RAMOS

FAIFI

UMA HISTÓRIA DO OUTRO PLANETA

Bases não decimais

Base decimal

A construção do conceito de unidade de milhar

Atividades

Jogos

editora ática

Uma história de outro planeta

Conforme a nova ortografia da língua portuguesa

Editora	Wilma Silveira Rosa de Moura
Coordenadoras de revisão	Ivany Picasso Batista
	Regina Gimenez
Revisoras	Irene Catarina Nigro
	Reny Hernandes
	Solange Scattolini

ARTE

Capa	Adelfo Mikio Suzuki
Edição	Adelfo Mikio Suzuki
Coordenação gráfica	Margarete G. Rivera
Editoração eletrônica	Ester Harue Inakake
Ilustrações	Faifi

Dados Interacionais de Catalogação na Publicação (CIP)
(Câmara Brasileira do Livro, SP, Brasil)

Ramos, Luzia Faraco
Uma história de outro planeta / Luzia Faraco Ramos ; ilustrações Faifi. – São Paulo : Ática, 1995. – (Série Turma da matemática)

11. Matemática (Ensino Fundamental). 2. História em quadrinhos I. Faifi. II. Título. III. Série

95-4121 CDD: 372.7

ISBN 978 85 08 08793-8 (aluno)
ISBN 978 85 08 08794-5 (professor)

2023
3ª edição
10ª impressão
Impressão e acabamento: Log&Print Gráfica, Dados Variáveis e Logística S.A.

Av. Otaviano Alves de Lima, 4400 – CEP 02909-900 – São Paulo, SP
Atendimento ao cliente: 4003-3061 – atendimento@atica.com.br
www.atica.com.br – www.atica.com.br/educacional

CAIO E ADELAIDE ESTÃO PREOCUPADOS... FESTA DE ANIVERSÁRIO DÁ O MAIOR TRABALHO!
COMO VAMOS FAZER NOSSA FESTA SEM DINHEIRO?
É MESMO. NOSSO ANIVERSÁRIO JÁ É NO PRÓXIMO SÁBADO.
GUDEX
FÁBRICA DE BOLINHAS DE GUDE
GANHE DINHEIRO EMPACOTANDO BOLINHAS DE VIDRO
PRECISAMOS DESCOBRIR UM JEITO DE GANHAR DINHEIRO...
...!!!
VAMOS PODER COMPRAR DOCINHOS, BALÕES...
NOSSA FESTA VAI SER LINDA!
CAIXAS PACOTES SOLTAS
OS DOIS FORAM PARA CASA E COMEÇARAM A EMPACOTAR AS BOLINHAS DE DEZ EM DEZ. CADA DEZ PACOTES CHEIOS ELES COLOCAVAM NUMA CAIXA.
DE REPENTE...
QUE BOLINHAS BONITAS! PARA QUE SERVEM?

DE ONDE APARECEU ESSE CARA?
QUE GAROTO DIFERENTE, GOSTEI DELE.
CONTEM LOGO: PARA QUE SERVEM ESSAS BOLINHAS?
SERVEM PARA JOGAR. VOCÊ NUNCA JOGOU BOLINHA DE GUDE?
QUER AJUDAR A GENTE? ESTAMOS EMPACOTANDO ESTAS BOLINHAS DE DEZ EM DEZ.
DEZ? MAS O QUE É DEZ???
ESSE CARA DEVE TER VINDO DE OUTRO PLANETA...
É FÁCIL! EM CADA SAQUINHO COLOQUE TANTAS BOLINHAS QUANTOS DEDOS VOCÊ TEM NAS DUAS MÃOS.
E ASSIM FICARAM OS TRÊS EMPACOTANDO AS BOLINHAS. CADA UM COM SEU PENSAMENTO.
MENINO ESTRANHO...
É MEIO MALUQUINHO, MAS GOSTEI DELE...
ADOREI ESSAS BOLINHAS, MAS INTERESSANTE MESMO É A ADELAIDE.

DE REPENTE O GAROTO ESTRANHO OLHOU PARA O HORIZONTE.
AGORA PRECISO VOLTAR PARA CASA.
EI, ESPERE UM POUCO... VENHA SÁBADO À NOSSA FESTA DE ANVERSÁRIO!
É, PODE VIR...
ESTÁ BEM, VOU FAZER O POSSÍVEL. ATÉ MAIS, ADELAIDE. TCHAU, CAIO.
MUITO INTERESSANTE ESSE GAROTO, NÃO É?
MUITO ESTRANHO, ISSO SIM. COMO ELE SABIA NOSSO NOME?
NEM IMAGINO! E, POR FALAR NISSO, NEM SEI O NOME DELE...
XIII! OLHA SÓ. ELE NÃO SABE MESMO O QUE É DEZ. ESTÃO FALTANDO QUATRO BOLINHAS EM CADA PACOTE.
NÃO ENTENDO. ELE ESTAVA USANDO OS DEDOS PARA CONTAR AS BOLINHAS!
ENTÃO, VAI VER QUE ELE TEM MENOS DEDOS QUE A GENTE. HÁ! HÁ! HÁ!
ADELAIDE NÃO GOSTOU DA BRINCADEIRA. MAS NÃO CONSEGUIA ENTENDER O QUE HAVIA ACONTECIDO.

A SEMANA PASSOU VOANDO...
TERÇA
30
AGOSTO
31
AGOSTO
1
SETEMBRO
2
SETEMBRO
3
SETEMBRO
ADELAIDE E CAIO EMPACOTARAM TODAS AS BOLINHAS E...
CAIXAS PACOTES SOLTAS
9 6 4
... COM O DINHEIRO, COMPRARAM MUITOS BALÕES, DOCES E REFRIGERANTES.
QUANDO OS CONVIDADOS COMEÇARAM A CHEGAR, JÁ ESTAVA TUDO PRONTO.
A FESTA FOI UM SUCESSO, MAS ADELAIDE ESTAVA PENSATIVA.
PUXA, ELE NÃO VEIO.
PARECE QUE ELA ESTÁ EM OUTRO PLANETA...

QUANDO A FESTA ACABOU, OS DOIS FORAM DORMIR. DE REPENTE...
... ADELAIDE ACORDOU COM UM BARULHO NA JANELA ...
CLAC
CLUM
CLAC
OI, PESSOAL! ACHO QUE CHEGUEI ATRASADO PARA A FESTA!
OH! É VOCÊ!
É AQUELE CARA ESTRANHO!
ATRASADO E ENTRANDO PELA JANELA? QUE JEITO DE CHEGAR A UMA FESTA...
TROUXE UM PRESENTE PRA VOCÊS.
OBA! PRESENTE!
É UMA ESTRELA DE TRANSPORTE. FOI INVENTADA POR UMA AMIGA.
ATÉ QUE ESSE CARA TEM SUAS QUALIDADES!
PUXA! QUE LINDA... MAS PRA QUE SERVE?
COM ELA VOCÊS PODERÃO FAZER UMA VIAGEM INTERGALÁCTICA.
OBA, OBA, OBA! GRANDE CARA! ALIÁS, COMO VOCÊ SE CHAMA?

MEU NOME É ORUAM. MORO NUM PEQUENO PLANETA CHAMADO ZUM. VOCÊS QUEREM CONHECÊ-LO?
ESPEREM UM POUCO!
CLARO, VAMOS LOGO! JÁ ESTOU PRONTO.
TEM ALGUMAS COISAS QUE EU NÃO ESTOU ENTENDENDO BEM.
COMO VOCÊ SABIA NOSSO NOME?
ORA, EU LEIO PENSAMENTOS.
SE NÓS ACEITARMOS IR, QUANDO VOLTAREMOS?
ASSIM QUE AMANHECER AQUI NA TERRA.
PRONTO. ACHO QUE ESTÁ TUDO ESCLARECIDO, PODEMOS PARTIR.
ESTÁ BEM, ENTÃO VAMOS.
COM UMA DAS MÃOS SEGUREM NA ESTRELA, COM A OUTRA, SEGUREM MINHA MÃO. VAMOS LÁ.

ZUM
O PLANETA AMARELO
QUE PLANETA LEGAL!
CUIDADO, NÃO SE AFÁSTE DE NÓS.
EI! VOCÊ TEM SÓ TRÊS DEDOS EM CADA MÃO!
E EM CADA PÉ TAMBÉM.
ELE SÓ TEM TRÊS DEDOS???!!!
BEM QUE EU DESCONFIAVA...
ENTÃO FOI POR ISSO QUE NAQUELE DIA ELE COLOCOU SEIS BOLINHAS EM CADA PACOTE!
NÃO ERA PARA ENCHER OS SAQUINHOS CONTANDO NOS DEDOS?
XIII! ESQUECI QUE VOCÊ LÊ PENSAMENTOS!

SABE, NA TERRA CONTAMOS DE DEZ EM DEZ PORQUE TEMOS DEZ DEDOS NAS MÃOS.
EU SEI. E AQUI CONTAMOS DE SEIS EM SEIS.
É MEIO PARECIDO COM O JEITO DA TERRA, MAS AO MESMO TEMPO É MEIO DIFERENTE. QUE LEGAL!
VENHAM COMIGO, QUERO LHES MOSTRAR ALGO.
PUXA, TENHO UM AMIGO ET. NEM ACREDITO!
AQUI É UMA SALA DE CONTROLE E ARQUIVO HISTÓRICO.
UAU!!! QUE SUPER!
AGORA VOCÊS VÃO VER UMA COISA INTERESSANTE NESTE COMPUTADOR.
UM COMPUTADOR DE OUTRO PLANETA!
PRESTEM ATENÇÃO!
QUE FEIO!!!

AQUI ESTÁ UM DOS NOSSOS ANTEPASSADOS, CONTANDO DE SEIS EM SEIS.
ELES TAMBÉM CONTAVAM DESSE JEITO?
ALGUNS DOS NOSSOS ANTEPASSADOS, LÁ NA TERRA, FAZIAM MONTINHOS COM DEZ PEDRINHAS!
AGORA VAMOS ATÉ O PLANETA VIZINHO. VOU APRESENTAR UMA AMIGA A VOCÊS. ALIÁS, FOI ELA QUE INVENTOU A ESTRELA DE TRANSPORTE.
QUE GRACINHA!
EBA! OUTRA VIAGEM INTERPLANETÁRIA!
SEGURARAM NA ESTRELA E RUMARAM PARA...

ZAPT
O PLANETA LARANJA
CHEGAMOS.
AQUELA É A CIRCE.
BZTCZUPT ZAPT ZIM
ZOIM ZUM XTVTUP LZZZAP.
CIRCE, ELES SÃO DA
TERRA. VAMOS CONVERSAR
NA LÍNGUA DELES.
PUXA,
COMO ELA É LINDA!...
E QUE VOZ, UAU!
CIRCE DIGITOU EM SEU
TRANSCODIFICADOR:
PLANETA TERRA.
HELLO, FRIENDS,
I LOVE YOUR PLANET,
IT IS VERY. . .
NÃO, CIRCE,
ELES SÃO DO
BRASIL, TERRÁQUEOS
BRASILEIROS.
E CIRCE TORNOU A DIGITAR:
PLANETA TERRA,
PAÍS BRASIL.

OLÁ, AMIGOS, ADORO TERRÁQUEOS BRASILEIROS.
ELA TEM SÓ DOIS DEDOS EM CADA MÃO!
CIRCE . . . QUE LINDO NOME! TÃO LINDO QUANTO VOCÊ.
ISSO DEVE SER UM ELOGIO TERRÁQUEO.
VIEMOS AQUI PARA PERGUNTAR COMO OS ZAPTINIANOS APRENDIAM A CONTAR.
ORA, FORMANDO GRUPINHOS DE QUATRO, É LÓGICO.
É! FOI ASSIM MESMO. MUITO BEM, CAIO.
EXPLIQUE MELHOR TUDO ISSO, ORUAM.
JÁ SEI O QUE PODEMOS FAZER PRA ENTENDER AS DIVERSAS FORMAS DE CONTAR.
VOU PEGAR QUINZE SEMENTES DESTAS AQUI E CONTAR COMO EM ZUM, DE SEIS EM SEIS.

EU PEGO QUINZE TAMBÉM E CONTO DE QUATRO EM QUATRO, COMO AQUI EM ZAPT.
CIRCE, PEGUE ALGUMAS TIGELAS PRA GENTE COLOCAR OS MONTINHOS.
EU TAMBÉM VOU PEGAR QUINZE SEMENTES, MAS VOU CONTAR COMO NA TERRA, DE DEZ EM DEZ.
E EU VOU FICAR SÓ OLHANDO. CANSEI DE CONTAR.
QUANDO TODOS TERMINARAM...
... RESOLVERAM MARCAR O RESULTADO DE CADA CONTAGEM EM TABELAS...
CIRCE
GRUPOS DE 4
SOLTOS
3
3
ORUAM
GRUPOS DE 6
SOLTOS
2
3
ADELAIDE
GRUPOS DE 10
SOLTOS
1
5

UÉ? AS QUANTIDADES ERAM IGUAIS, NÃO ERAM?
ERAM!!!
E POR QUE OS RESULTADOS PARECEM TÃO DIFERENTES?
PORQUE OS MONTINHOS TÊM QUANTIDADES DIFERENTES.
AGORA ESTOU COMEÇANDO A ENTENDER...
COMO ELE É INTELIGENTE!
VEJAM! CIRCE FOI A QUE FORMOU MAIS GRUPOS, CONTANDO DE QUATRO EM QUATRO.
CLARO! FAZENDO GRUPOS MENORES PODEMOS FORMAR MAIS GRUPOS.
E SE A QUANTIDADE NÃO FOSSE QUINZE? COMO FICARIA?

VAMOS VER. JUNTEM TODAS AS SEMENTES QUE USAMOS.
VAMOS CONTAR AS QUARENTA E CINCO SEMENTES, CERTO? MAS DE QUANTO EM QUANTO?
DE SEIS EM SEIS, COMO EM ZUM.
CIRCE FICOU OBSERVANDO, PARA VER SE ELES PERCEBIAM ALGO DE NOVO...
JÁ ACABAMOS!
COM SEIS SEMENTES FORMAMOS UM MONTINHO, QUE COLOCAMOS NUMA TIGELA, CERTO?
CERTO!
E COM SEIS TIGELAS FORMAMOS UM NOVO TIPO DE GRUPO.
???

PODEMOS USAR ESTA BANDEJA PARA AGRUPAR AS SEIS TIGELAS.
DE ONDE ELA TIROU A BANDEJA?
SEI LÁ, ACHO QUE ELA É MEIO MÁGICA.
A CONTAGEM DAS SEMENTES FICOU ASSIM:
POR QUE AGORA PRECISAMOS DA BANDEJA, CIRCE?
QUANDO A BASE DE CONTAGEM É SEIS, TEMOS DE AGRUPAR E REAGRUPAR SEMPRE DE SEIS EM SEIS!!!
É MESMO.

O QUE NÓS FIZEMOS SE CHAMA REAGRUPAR?
SIM, FIZEMOS UM REAGRUPAMENTO QUANDO COLOCAMOS AS SEIS TIGELAS NA BANDEJA.
ISSO PODE SER MUITO INTERESSANTE, MAS NÃO É NADA ROMÂNTICO.
VAMOS MARCAR O RESULTADO DESSA CONTAGEM?
CAIO, MAIS QUE DEPRESSA, RABISCOU NO CHÃO...
TIGELAS
SEMENTES SOLTAS
XIII! TENHO DE AUMENTAR ESTA TABELA! AGORA TEMOS SEMENTES SOLTAS, TIGELAS E TAMBÉM UMA BANDEJA.

BANDEJAS
TIGELAS
SEMENTES SOLTAS
1
1
3
ORUAM, LÁ NA TERRA A GENTE CONTA QUASE ASSIM.
QUE NADA, ADELAIDE! LÁ CONTAMOS DE DEZ EM DEZ, PORQUE TEMOS DEZ DEDOS. PARECE BOBA!
EU SEI, E NÃO SOU BOBA, NÃO. E SEI MAIS: OS NOSSOS GRUPOS DE DEZ SÃO CHAMADOS DE DEZENAS.
ORUAM NEM DEU BOLA PARA A DISCUSSÃO E FALOU:
LÁ VOCÊS REAGRUPAM AS DEZENAS, CERTO, ADELAIDE?
É MESMO! CADA DEZ DEZENAS FORMAM UMA CENTENA. MAS COMO VOCÊ SABE ISSO?
ORA, EU VI VOCÊS EMPACOTANDO AQUELAS BOLINHAS DE BUDE.
NÃO É BUDE, É GUDE!!!

PESSOAL, O TEMPO DE VOCÊS JÁ ESTÁ ACABANDO.
PRECISAMOS VOLTAR JÁ?
AGORA MESMO. ESTA É A ESTRELA QUE VAI LEVAR VOCÊS DE VOLTA.
UÉ, ESTA NÃO É A ESTRELA QUE USAMOS PARA VIR.
POR QUE VAMOS USAR OUTRA ESTRELA?
PORQUE ESTA NÃO VOLTARÁ PARA CÁ.
ASSIM QUE CHEGAREM, COLOQUEM A ESTRELA NUM JARDIM. ELA VAI SE DESINTEGRAR EM POUCAS HORAS.
??
VOU FICAR COM SAUDADES.
POR QUE VOCÊS NÃO VÊM COM A GENTE?
SOMOS DE MUNDOS DIFERENTES. NOSSO LUGAR É AQUI. MAS NOS VEREMOS DE NOVO ALGUM DIA.

ORA, ADELAIDE, NÃO FIQUE TRISTE, AINDA VAMOS NOS REENCONTRAR...
ESTOU COM MEDO DE VOLTAR SOZINHA COM O CAIO.
AI, AI, AI!
QUEM VAI DIRIGIR ESSA ESTRELA? NÓS NÃO SABEMOS...
ISSO É VERDADE. EU NÃO SEI ANDAR NEM DE BICICLETA.
É SÓ SE DAREM AS MÃOS, SEGURANDO FIRME NA ESTRELA, E PENSAREM NA CASA DE VOCÊS.
QUEM VAI DIRIGIR A ESTRELA É O PENSAMENTO DE VOCÊS.
POUCOS TERRÁQUEOS ACREDITAM NO PODER DA MENTE. VAI SER UMA ÓTIMA EXPERIÊNCIA.
TODOS SE DESPEDIRAM.
ADELAIDE E CAIO FIRMARAM O PENSAMENTO NA CASA DELES E PARTIRAM.

EM POUCOS MINUTOS JÁ ESTAVAM DE VOLTA.
RAPIDAMENTE JOGARAM A ESTRELA NO JARDIM. LOGO IRIA AMANHECER.
FORAM SE DEITAR E ADORMECERAM RAPIDINHO.
LOGO QUE ACORDARAM...
CAIO, TIVE UM SONHO INCRÍVEL.
PIU PIU
PIU PIU
SONHEI QUE FOMOS PARA OUTRO PLANETA. VOLTAMOS AGARRADOS A UMA ESTRELA LARANJA.
NESSE INSTANTE, OLHARAM PARA O JARDIM E TIVERAM A CERTEZA DE QUE TUDO NÃO HAVIA SIDO APENAS UM SONHO!
ADELAIDE, OLHE!!!
A ESTRELA!
FIM

No planeta Zum, onde morava Oruam, eles contavam formando grupos de quanto em quanto? ______________________________

Por quê? ______________________________

No planeta Zapt, onde morava Circe, eles contavam formando grupos de quanto em quanto? ______________________________

Por quê? ______________________________

Aqui na Terra nós contamos formando grupos de quanto? ______________________________

____

Por quê? ______________________________

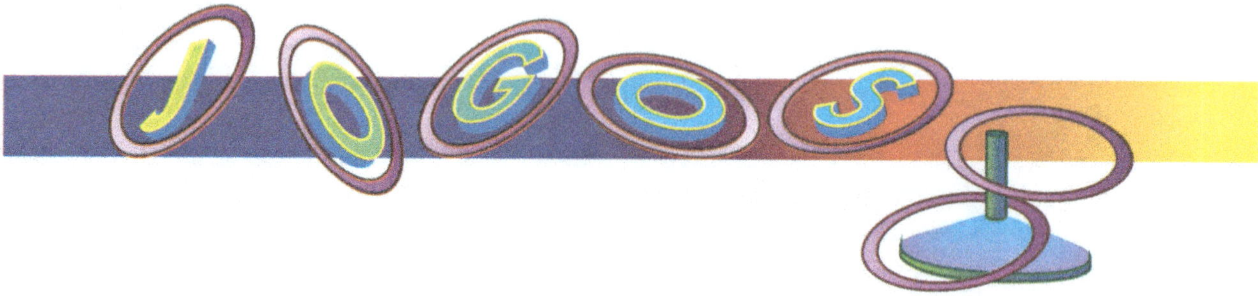

Vamos descobrir outros jeitos de contar?

MATERIAL NECESSÁRIO

25 palitos de fósforo usados, 8 caixas de fósforos (só a parte de dentro) e 2 pratinhos de papel.

Como fazer: Com os 25 palitos, forme quantos grupos de 3 você conseguir.

Coloque cada grupo de 3 palitos numa caixinha aberta.

Ponha cada 3 caixinhas com 3 palitos num pratinho.

Agrupamento de 25 palitos na base três

GRUPOS DE 3X3 (PRATINHOS)	GRUPOS DE 3 (CAIXAS)	SOLTOS

PRATOS	CAIXAS	SOLTOS

Agrupamento na base três

Jogo em dupla

MATERIAL NECESSÁRIO
54 palitos de fósforo, 1 tampa de caixa de sapatos, 20 caixas de fósforos vazias, 10 pratinhos de papel, 1 moeda e 2 bandejas de papelão. A tampa da caixa servirá como banco. Coloque todo o material arrumado dentro dela.

Regras do jogo

O primeiro jogador lança a moeda. Se sair cara: pega 1 palito; se sair coroa: pega 2 palitos.

Passar a moeda para o outro jogador, que fará o mesmo.

O jogo acaba quando terminarem os palitos.

Observações

* Se alguma casa ficar vazia, registrar zero; se alguém não formar pratos, não precisa marcar nada.
* Cada jogador poderá formar, no máximo, 2 pratos. Se chegar a formar 3 pratos, será preciso reagrupá-los, formando um novo tipo de grupo.

PRATOS	CAIXAS	SOLTOS

PRATOS	CAIXAS	SOLTOS

Responda:

Quantos palitos ficaram soltos? _______ Quantas caixas? _______

Quantos pratos foram formados? _______

Na base três, é possível deixar três pratos sem reagrupá-los? _______

BANDEJAS	PRATOS	CAIXAS	PALITOS SOLTOS

De volta à fábrica de bolinhas de gude

Caio e Adelaide foram contratados para trabalhar na fábrica de bolinhas.

ESTOQUE DE BOLINHAS DE GUDE

Agora você vai ajudar Caio e Adelaide a arrumar as bolinhas para descobrir quantas há no estoque.

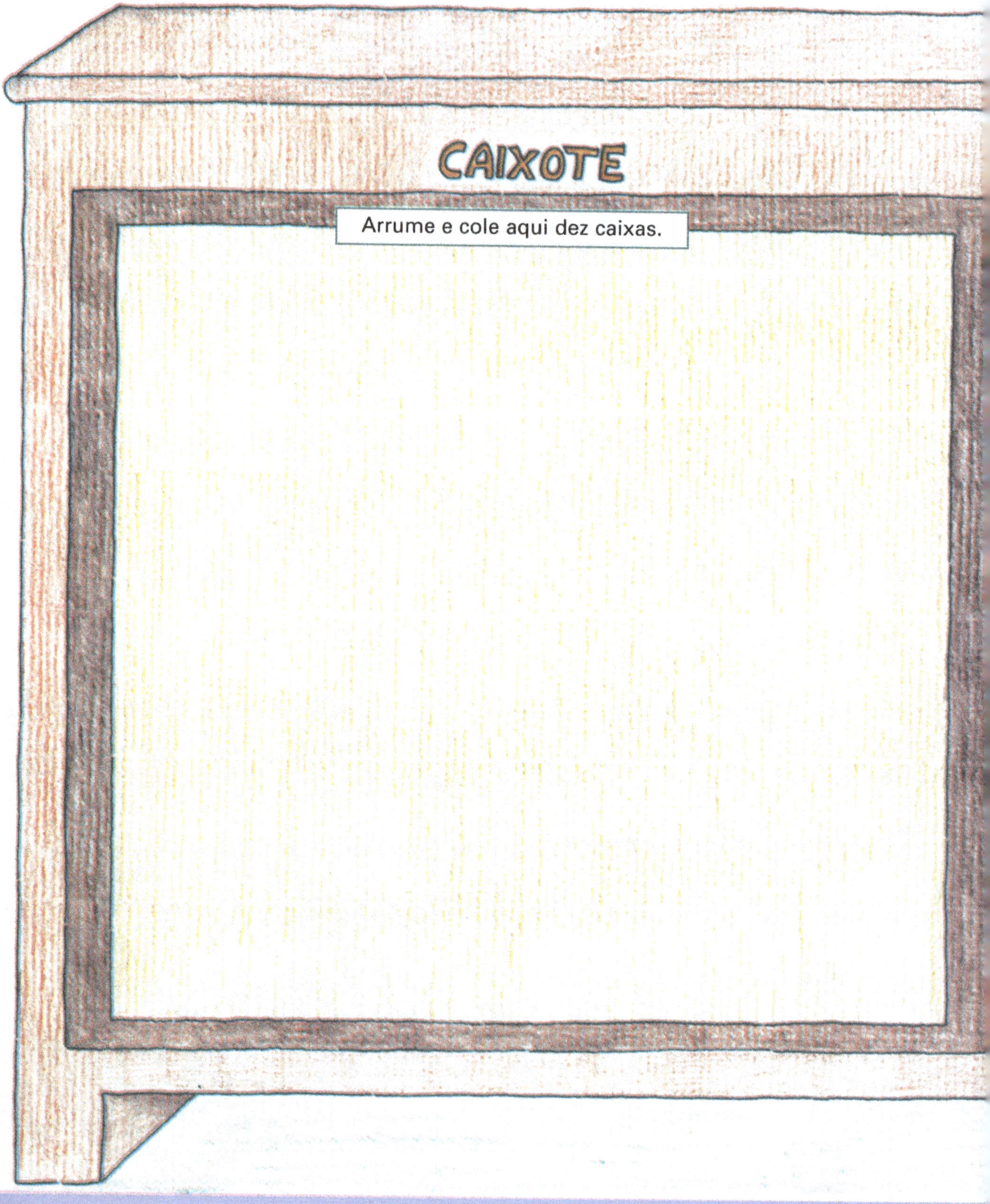

Você vai precisar de tesoura, cola e das caixas desenhadas na página 31. Em cada caixa estão desenhados dez pacotes, e em cada pacote, dez bolinhas de gude. Pode conferir!

CAIXOTE	CAIXAS	PACOTES	BOLINHAS SOLTAS

UNIDADES DE MILHAR	CENTENAS	DEZENAS	UNIDADES

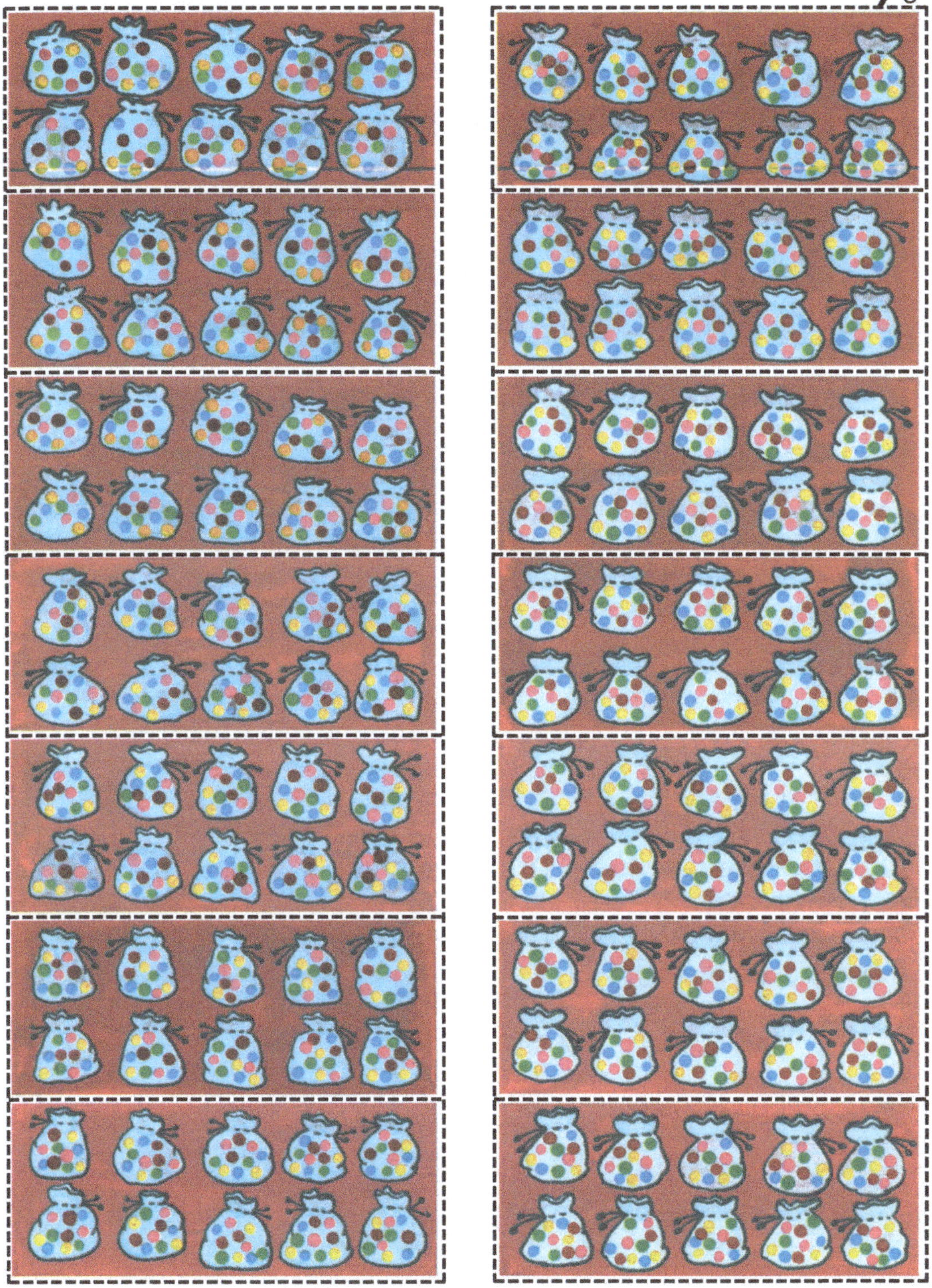